Islam

Alles, was wir wissen müssen

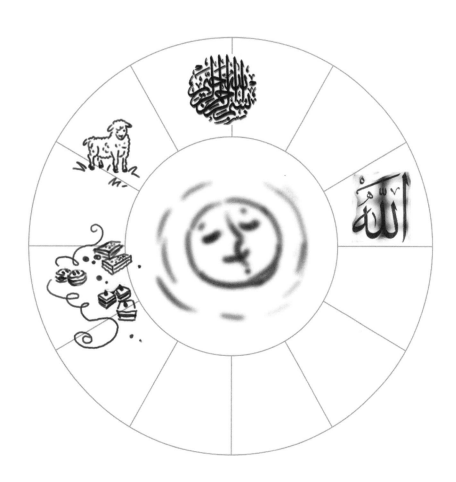

Vandenhoeck & Ruprecht

Kopiervorlagen für die Grundschule

Herausgegeben von Hans Freudenberg

Nach Ideen von
Hans Freudenberg, Christine Hubka, Ilka Kirchhoff,
Magdalene Pusch
Illustriert von Siegfried Krüger
Umschlagabbildung: Svetlana Kilian

Bibliografische Information der Deutschen Nationalbibliothek

Die Deutsche Nationalbibliothek verzeichnet diese Publikation in der Deutschen Nationalbibliografie; detaillierte
bibliografische Daten sind im Internet über http://dnb.d-nb.de abrufbar.

ISBN 978-3-525-61037-4

Satz: Daniela Weiland, Göttingen
Druck und Bindung: Hubert & Co., Göttingen

Gedruckt auf alterungsbeständigem Papier.

Liebe Lehrerin, lieber Lehrer,

ob Sie vom Fach sind oder nicht: mit diesem Material werden Sie einen erfolgreichen Unterricht in Sachen Islam gestalten können. Die Kopiervorlagen machen Ihre Schülerinnen und Schüler hautnah mit der Nachbarreligion vertraut. Dabei ist für Methodenvielfalt, Unterhaltung und Nachhaltigkeit gesorgt. Sie finden Arbeitsblätter „E" oder „G" - entsprechend zur Einzel- oder Gruppenarbeit einzusetzen. Dabei enthalten die Blätter „E" durchaus auch Impulse zum Gedankenaustausch bzw. Ergebnis-Abgleich mit dem Nachbarn. Viele Arbeitsblätter enthalten neben Aufgaben zur direkten Umsetzung (Schreib- und Malflächen) auch weiterführende Impulse, z.B. für Projekte, Recherchen, Interviews. Der freien Beschäftigung mit den Thema sind keine Grenzen gesetzt. Wir wünschen viel Freude an dem vielfältigen Material und sind stets interessiert an kritischen Rückmeldungen.

Ihre V&R-Schulbuch-Redaktion

Stichwort „Islam"

Islam ist neben dem Christentum diejenige Religion, der Sie in der Umwelt am meisten begegnen. Sie haben Kinder muslimischen Glaubens in der Schule und in Ihrer Klasse, in Ihrer Nachbarschaft leben Musliminnen und Muslime, sei es türkischer, sei es nordafrikanischer oder südosteuopäischer Abstammung. Dass Sie und die Ihnen anvertrauten Kinder Grundkenntnisse über den Islam brauchen, liegt deshalb auf der Hand: Je besser man den anderen versteht, desto leichter fällt der Umgang.

Wer eine Religion kennenlernen will, hält sich an das, was er von ihr sehen und erleben kann: Wie feiern die Gläubigen Gott, wie beten sie, wo? Welche religiösen Riten und Regeln gibt es, welche Feste? Überlieferungen – Überzeugungen wie Erzählungen – bilden den Hintergrund, heilige Texte, Bekenntnisse. Und schließlich: Religion und Kultur sind nicht voneinander zu trennen. Daher darf der Blick auf die Wurzeln nicht fehlen, d.h. im Fall Islam: auf den Orient, in den Nahen Osten. Nach Mekka.

Inhalt

Entdecken

Vertiefen

Gestalten und feiern

1a Emine und Anna und ich (E)

Emine geht in die dritte Klasse.	Anna geht in die dritte Klasse.
Sie erzählt: Ich bin Muslima.	Sie erzählt: Ich bin Christin.
Ich glaube an Gott, den Einzigen. Mohammed ist sein Prophet.	Ich glaube an Gott, den Vater, den Sohn und den Heiligen Geist.
Ich bete fünfmal am Tag.	Ich bete vor dem Einschlafen.
Ich gehe freitags in die Moschee.	Ich gehe sonntags in den Kindergottesdienst.
Im Monat Ramadan fasten meine Eltern. Wir essen erst, wenn es dunkel wird.	Sieben Wochen vor Ostern trinken meine Eltern keinen Wein.
Unser heiliges Buch ist der Koran.	Unser heiliges Buch ist die Bibel.
Als Muslima trage ich ein Kopftuch.	Ich habe eine Kette mit einem silbernen Kreuz.

Ich heiße ....; ich bin ....

....

....

....

....

....

....

❖ Lies, was Emine und Anna über ihren Glauben erzählen.

❖ Unterstreiche in jedem Satz ein wichtiges Stichwort: grün für Emine, lila für Anna.

❖ Schreibe auf, was du von deiner Religion weißt und wie sie in deinem Leben vorkommt.

1b Fati und Paul und ich (E)

Fati geht in die dritte Klasse.	Paul geht in die dritte Klasse.
Er erzählt: Ich bin Muslim.	Er erzählt: Ich bin Christ.
Ich glaube an Gott, den Einzigen. Mohammed ist sein Prophet.	Ich glaube an Gott, den Vater, den Sohn und den Heiligen Geist.
Ich bete fünfmal am Tag.	Ich bete vor dem Einschlafen.
Ich gehe freitags in die Moschee.	Ich gehe sonntags in den Kindergottesdienst.
Im Monat Ramadan fasten meine Eltern. Wir essen erst, wenn es dunkel wird.	Sieben Wochen vor Ostern trinken meine Eltern keinen Wein.
Unser heiliges Buch ist der Koran.	Unser heiliges Buch ist die Bibel.
Als Muslim bin ich als Baby beschnitten worden.	Ich habe eine Kette mit einem silbernen Kreuz.

Ich heiße ....; ich bin ....

....

....

....

....

....

❖ Lies, was Fati und Paul über ihren Glauben erzählen.

❖ Unterstreiche in jedem Satz ein wichtiges Stichwort: grün für Fati, lila für Paul.

❖ Schreibe auf, was du von deiner Religion weißt und wie sie in deinem Leben vorkommt.

2a Moschee und Kirche (G)

Grundriss Kirche

Grundriss Moschee

Schneidet die Bilder aus. Bildet kleine Gruppen, so dass jede Gruppe für ein Bild zuständig ist. Ihr sollt den anderen berichten:

Das Bild zeigt ein/e ....

Das gehört in   a. Kirche   b. Moschee?

Die Bedeutung dieses Gegenstands: ....

....

Blatt 2b hilft euch!

Zeichnet je einen Grundriss Kirche/Moschee (s.o.). Klebt die Einrichtungsgegenstände darauf. Malt hinzu, was noch fehlt.

2b Moschee und Kirche (Info-Texte; G)

Kirchen sind die Gebetshäuser der Christen. Es gibt große und kleine, ihre Grundrisse sind wie die von Häusern oder kreuzförmig.

Moscheen sind die Gebetshäuser der Muslime. Es gibt große und kleine; ihre Grundrisse sind wie die von Häusern oder quadratisch.

In die Kirche gehört ein Taufstein. Hier wird das neue Gemeindeglied mit Wasser getauft und in Gottes Namen und Geist gesegnet.

In der Moschee gibt es eine Gebetsecke. Dorthin wenden sich die Gläubigen mit ihrem Gebet.

In der Kirche gibt es einen Altar(-tisch). Dorthin wenden sich die Gläubigen mit ihrem Gebet. Darauf stehen Kerzen, liegt die Bibel, wird das Abendmahl bereit gestellt.

In der Moschee gibt es ein Holzpodest. Dort steht der Geistliche, wenn er zu der Gemeinde spricht. Viele Stufen führen hinauf.

In der Kirche gibt es eine Kanzel. Dort steht der Pastor, wenn er predigt. Es gibt ein Lesepult, auf dem die Bibel liegt.

In der Moschee gibt es keine Bänke. Die Gemeinde steht, wenn sie hört, und wirft sich zu Boden, wenn sie betet.

In den meisten Kirchen gibt es eine Orgel. Zu ihrer Musik singt die Gemeinde.

Markiert die wichtigsten Informationen farbig: lila für Kirche, grün für Moschee.

3a Ruf zum Gebet (E)

Kirchen und Moscheen haben Türme: Sie sind weithin sichtbar. Was von oben erklingt, ist weithin hörbar.

Die Türme der Moscheen heißen **Minarett**. Betrachte das Minarett und zeichne einen Kirchturm daneben. Beschreibe Unterschiede.

Vom Minarett erklingt der Ruf zum Gebet: Früher rief der **Muezzin** (der Gebetsrufer), heute wird der Ruf oft vom Band abgespielt und durch Lautsprecher verbreitet.

Zeichne die „Stimme des Kirchturms" daneben – was klingt denn da am Sonntagmorgen?

3b Ruf zum Gebet (E)

Allahü ekber, Allahü ekber, Allahü ekber, Allahü ekber.	Gott ist groß! Gott ist groß! Gott ist groß! Gott ist groß!
Eshedü enlailahe illaha, (2x)	Ich lege Zeugnis davon ab: Es gibt keinen anderen Gott außer Gott. (2x)
Eshedü enne Muhammenden resulullah. (2x)	Ich lege Zeugnis davon ab: Mohammed ist sein Prophet! (2x)
Hayyalesselah! (2x)	Kommt und betet! (2x)
Hayyalelfelah! (2x)	Kommt zu eurem Heil! (2x)
Allahü ekber, Allahü ekber!	Gott ist groß! Gott ist groß!
La ilahe ilallah.	Es gibt keinen anderen Gott außer Gott.

Hier kannst du lesen, was der Muezzin ruft – links arabisch, rechts in der deutschen Übersetzung. Vergleiche und schreib heraus: Was heißt auf Arabisch:

Gott ist groß – ....

Es gibt keinen Gott außer Gott – ....

Kommt und betet – ....

„Der Muezzin ist nicht nur ein Gebetsrufer", sagt Emine. „Man müsste ihn Bekenner nennen." Schreib auf, was der Muezzin „bekennt":

4a Ich bete (E)

Wenn Emine betet, sieht das so aus:

Beschreibe

❖ ihre Haltung

....

❖ ihren Gesichtsausdruck

....

❖ ihre Hände

....

❖ den „Boden"

....

Gleich wird sie sich noch vorbeugen und mit der Stirn den Boden berühren. Das bedeutet: Sie macht sich vor Gott ganz klein. Sie zeigt Gott ihre Liebe und ihre Achtung. Sie zeigt ihm auch, dass sie ihm vertraut: Auch wenn sie ganz klein und wehrlos vor ihm liegt, wird er ihr nichts tun, sondern er wird sie liebevoll wieder aufrichten.

Hast du schon einmal Menschen beim Beten gesehen? Zeichne ihre Haltung (Strichmännchen) oder ihre Hände.

4b Ich bete (G)

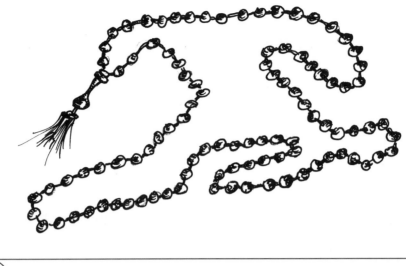

99 Perlen hat eine muslimische Gebetskette: ebenso viele Namen gibt es, um Gott zu loben. Der Erbarmer, der Heilige, der Herrscher, heißt er, der Beschützer, der Gerechte, der Friede, das Licht ... Der Beter nimmt die Perlen eine nach der anderen in die Hand und nennt dabei einen Ehrennamen Gottes. Hier ist Platz für weitere Ehrennamen – lasst das Blatt in der Gruppe wandern, bis jede/r etwas dazu geschrieben hat.

4c Ich bete (G)

Eine andere Art zu beten: Zu jeder Perle erzählst du Gott von deinem Leben, nennst ihm eine Freude, eine Sorge, eine Bitte. Lasst das Blatt in der Gruppe wandern, bis jede/r etwas dazu geschrieben hat.

Platz für Sorgen, Bitten, Freuden

Auch Christen kennen das Beten mit Perlen: Katholische Christen beten den **Rosenkranz**, evangelische Christen kennen die **Perlen des Glaubens**.

5 Ramadan (G)

Emine: Wisst ihr eigentlich, dass der Ramadan angefangen hat?

Paul: Ramadan? Was soll das sein?

Emine: Unser heiliger Monat. Vier Wochen lang fasten wir.

Anna: Fasten? So wie Mama vor Ostern? Keinen Wein trinken, keine Schokalade naschen?

Emine: Nein. Fasten. Das heißt: überhaupt nichts essen und überhaupt nichts trinken.

Paul: Vier Wochen? Das kann keiner.

Anna: Drei Tage nichts trinken und du stirbst.

Emine: Fasten gilt nur am Tag. Wenn es dunkel ist, trinken wir und essen ein einfaches Mahl.

Paul: Und was soll das?

Emine: Es ist wie beten: Es zeigt unsere Liebe zu Gott. Es erinnert uns daran, dass alles, was wir haben, Gott gehört.

Anna: Das sagt Mama auch, wenn sie vor Ostern keinen Wein trinkt.

Emine: Das Besondere am Ramadan ist auch: Die Familie hält ganz fest zusammen. Wir machen uns gegenseitig Mut zum Durchhalten. Und nachts essen wir gemeinsam.

Paul: Und wenn der Monat um ist, dieser Ramadan?

Emine: Dann feiern wir das Zuckerfest.

Lest das Gespräch mit verteilten Rollen.

Entwerft ein weiteres Gespräch: Anna erzählt ihrem Bruder Niklas vom Ramadan; Niklas ist gerade „gegen alles" ...

Fragt zu Hause und in der Nachbarschaft: Wer fastet vor Ostern? Worauf wird verzichtet? Und vor allem: warum? Sammelt die Antworten. Schreibt sie auf Plakate für die Klasse.

6 Zuckerfest (G)

Emine hat einen Ramadan-Kalender. Jeden Tag im Ramadan macht sie ein Türchen auf – und freut sich, wenn das Zuckerfest näher rückt. „Es ist ein Familienfest", sagt sie, „ein Freudenfest, ein Lichterfest. Es ist fast so wie bei euch ...."

© Svetlana Kilian

Überlegt, was hinter den Türchen sein könnte, um Emine in der Fastenzeit Freude zu bereiten (keine Süßigkeiten!).

Erkundigt euch (muslimische Mitschüler, Internet; Lehrerin), wann der nächste Ramadan ist. Bastelt einen Kalender für die Muslime in eurer Klasse: Jede/r beklebt und dekoriert eine Streichholzschachtel als Geschenk (leer oder z. B. mit einem selbstgemalten Bild oder einem Briefchen darin); die Schachteln werden an einer Wäscheleine in der Klasse aufgehängt und im Ramadan geöffnet.

7 Opferfest (G)

Fati erzählt: „Etwa 8 Wochen nach dem Zuckerfest wird das Opferfest gefeiert. Wir feiern zur Erinnerung daran, dass Gott Abrahams Sohn davor rettete, ein Opfer zu werden. Denn damals gab es viele, die glaubten, sie müssten Gott Opfer bringen. Manche opferten sogar das eigene Kind. Aber Gott will kein Opfer, schon gar kein Menschenopfer. Das hat er damals durch den Engel Gabriel verkündigen lassen."

Paul: Wär ja auch noch schöner!

Anna: Was will Gott denn dann?

Fati: Das sagt schon der Name unserer Religion. Islam bedeutet Hingabe. Hingabe will Gott: dass wir ihn lieben, an ihn denken, ihn loben und ihm dankbar sind.

Paul: Wie feiert ihr denn euer Opferfest?

Fati: Jede Familie schlachtet ein Schaf (wenn sie es sich leisten kann).

Paul: Auch ein Opfer …

Fati: Aber nicht für Gott. Sondern alle Armen bekommen etwas davon ab.

Lest das Gespräch mit verteilten Rollen.

Entwerft ein weiteres Gespräch: Paul erzählt seiner Schwester Ina vom Opferfest; Ina kennt Geschichten von Abraham aus der Bibel. Sie erzählt, was sie weiß. Dabei benutzt sie folgende Wörter und Namen (bringt ihr sie unter?):

Sara	Segen	Lot	Ismael	Kanaan	Zelt
Engel	Haran	Sterne	Hagar	Isaak	Widder

„Ich will keine Opfer - ich will Liebe", hat auch in der Bibel Gott den Menschen sagen lassen. Schreibt den Satz auf ein Plakat und klebt dazu Bilder aus Zeitschriften: links, was Gott nicht will; rechts, was Gott will.

8 Ein Kind ist geboren! (E)

Fati bekommt ein Schwesterchen. Die Mutter hat schon lange einen dicken Bauch. Dann ist es so weit. Sie fährt in die Klinik. Der Vater fährt mit. „Wirst du zusehen?", fragt Fati. „Nicht nur das", sagt sein Vater. „Ich werde deine kleine Schwester in Empfang nehmen. Als Erstes werde ich ihr den Ezan ins Ohr flüstern, den Gebetsruf. Ins rechte Ohr werde ich ihr den Anfang des Gebets flüstern und ins linke Ohr das Ende. Dann lernt sie, dass ihr Leben von Anfang bis Ende ein Gebet ist." Fati betastet seine Ohren. „Hast du das bei mir auch gemacht?", fragte Fati. „Das macht man bei jedem Neugeborenen", sagt der Vater. „Wenn es ein Muslim ist."

Blättere in deinem Ordner zurück: Arbeitsblatt 3b (oder lass es dir von deiner Lehrerin geben). Lies den Gebetsruf. Schreibe die Worte ab, die das Baby unbedingt hören soll.

Schreib andere Worte auf, die du einem Neugeborenen zuallererst sagen möchtest. Du kannst die Karte (oben) dazu nutzen.

In der Kirche bekommt das Baby zur Taufe ein Wort Gottes mit auf den Weg, zum Beispiel aus den Psalmen der Bibel. Vielleicht hat deine Lehrerin eine Psalmwort-Kartei - dann blättere darin und suche heraus, was dir besonders wichtig erscheint.

9a Mohammeds Land (E)

Fatis Vater erzählt, wie es anfing mit dem Islam: Mit Mohammed, dem Propheten, fing alles an. Mohammed lebte in Mekka, in Südarabien, so um 570 nach Christus ...

❖ Mekka, Südarabien: Sieh auf der Karte nach, wo das liegt.

❖ Orientiere dich auf der Karte: Wo ist Deutschland? Italien? Die Türkei?

❖ Male die Meere blau an, die Länder Europas lila, Nordafrika, Arabien und Asien grün. Präge dir die Lage der Länder auf der Karte gut ein.

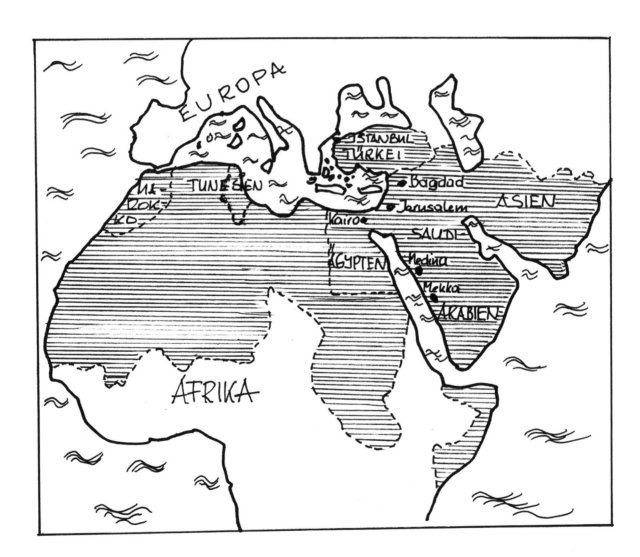

9b Mohammeds Land (E)

Hier kannst du ausprobieren, wie gut du dich schon auskennst.
Schreibe mit Bleistift in die Karte. Vergleiche mit 9a. Wenn du alles
richtig hast, kannst du mit Filzstift drüberschreiben.

- ❖ Wo liegt Mekka?
- ❖ Wo ist Europa? Afrika? Asien?
- ❖ Wo ist Deutschland? Italien? Die Türkei?
- ❖ Wo in Afrika ist Marokko? Tunesien? Ägypten?
- ❖ Wo in Asien ist Arabien?
- ❖ Wo in Arabien ist Bagdad? Medina?
- ❖ Wo ist Jerusalem?

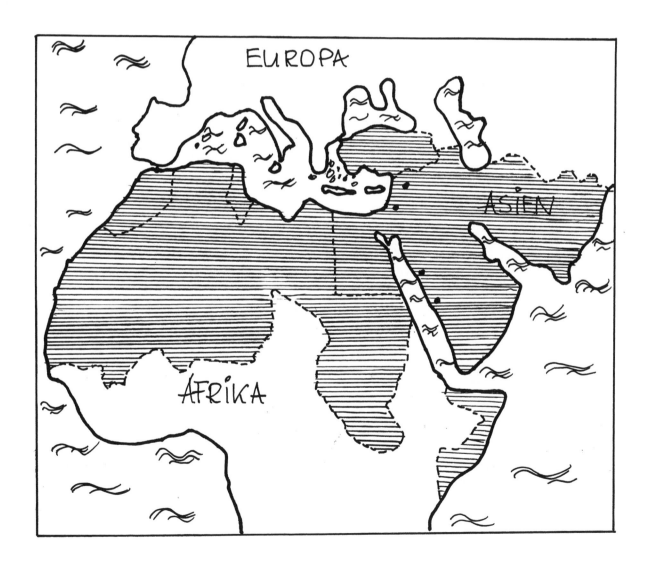

10a Mohammeds Suche (G)

Fatis Vater erzählt, wie es anfing mit dem Islam: Mohammed war ein Kaufmann. Er war in Mekka, in Südarabien geboren, so um 570 nach Christus. In Mekka stand ein uraltes Heiligtum, die Kaaba. Dieses würfelförmige Gebäude umschloss einen Meteoriten. Tausende pilgerten jedes Jahr zum schwarzen Stein nach Mekka. Sie verehrten ihn. Sie verehrten auch andere Steine. Sie verehrten Bäume und Grotten und beteten allerlei Geister und Götter an. Mohammed fand, dass es mehr geben müsste als Steine und Bäume und Grotten. Mohammed suchte den wahren Gott.

Gesucht: Der wahre Gott

Besprich das, was Fatis Vater erzählt, mit deinem Nachbarn/deiner Nachbarin. Überlegt gemeinsam, was Mohammed denn eigentlich sucht ... Warum genügen ihm Steine und Bäume nicht? Füllt den Steckbrief aus: Gesucht: der wahre Gott.

10b Mohammeds Suche (G)

Fatis Vater erzählt weiter: Auf seinen Handelsreisen begegnete der Kaufmann Mohammed vielen Menschen. Er traf auch Juden und Christen, die ihm von ihrem Glauben erzählten. Sie erzählten von Mose und Abraham, von Josef und von Jesus. Und immer wieder von dem einen Gott, der allein die Welt geschaffen hat und sie erhält.

Dieses Erzählen könnt ihr nachmachen: Erzählt einander von Abraham, Mose, von Josef, Jesus, Gott dem Schöpfer.
Jede(r) ist mal dran: Such das passende Bild und erzähle dazu die Geschichte. Achte darauf, dass Gott in deiner Geschichte vorkommt.

10c Mohammeds Suche (G)

Fatis Vater erzählt weiter: Mohammed zog sich regelmäßig in die Einsamkeit zurück. In einer Höhle des Berges Hira, in der Nähe von Mekka, fastete und betete er. In einer Nacht des Jahres 611 erschien ihm der Erzengel Gabriel im Traum. Er sagte: „Du sollst Gottes Gesandter sein. Du sollst den Menschen sagen, was Gottes Wille ist." „Was ist denn Gottes Wille?", fragte Mohammed. „Das will ich dich lehren", sagte der Erzengel Gabriel. Von da an trafen sie sich öfter ...

Dies ist die Höhle. Schreib in die Denkblasen, was einem einfallen kann, wenn man Gott sucht und viele verschiedene Hinweise erhalten hat. (Mohammed sollten wir nicht malen; im Islam werden keine Menschen gemalt!)

11a Mohammeds Geschichte (E)

Fatis Vater erzählt weiter: Mohammed begann in Mekka, die neue Lehre zu verkünden: „Gott ist der Schöpfer und Lenker aller Dinge. Er ist einzig. Vernichtet eure Götterbilder. Helft den Armen und Kranken. Gott wird die Bösen bestrafen und die Guten belohnen."

Doch die Leute von Mekka lachten ihn aus und bedrohten ihn. Sie wollten sich durch Mohammed nicht das gute Geschäft mit Götterbildern, Opfergaben und Glücksbringern kaputtmachen lassen.

622 musste der Prophet mit seinen Anhängern aus Mekka nach Medina fliehen. Mit seiner Flucht (= Hedschra) beginnt die islamische Zeitrechnung.

630 zog der Prophet mit 10000 Kriegern in Mekka ein. Er zerstörte alle Götterbilder. Die Kaaba aber weihte er Gott.

Nach Mohammeds Tod im Jahr 632 breitete sich seine Lehre rasch aus - im Westen bis nach Spanien, im Osten bis nach Indien.

Frage 1	Antwort A	Antwort B
Frage 2	Antwort A	Antwort B

Lies den Text. Denk dir zwei Fragen aus, schreib sie auf die Karten und dazu je eine richtige und eine falsche Antwort. Ihr könnt ein Quiz veranstalten.

11b Mohammeds Geschichte (G)

Erzählt euch zu den 6 Bildern Mohammeds Geschichte. (Allah ist arabisch und bedeutet Gott).

12 Der Koran (G)

Emine bringt einen Koran mit in den Unterricht. Sie hat ihn in ein grünes Tuch gehüllt. Vorsichtig packt sie ihn aus. Sie achtet darauf, dass er sicher auf dem Tisch der Lehrerin liegt.

Anna: Was ist das?

Emine: Das ist unser heiliges Buch.

Anna: Eine Bibel?

Emine: Das ist der Koran.

Paul: Du behandelst den wie ein rohes Ei.

Fati: Der Koran ist uns Muslimen heilig.

Emine: Alles, was darin steht, ist Gottes Wort. Der Engel Gabriel hat es Mohammed verkündigt.

Paul: (kommt nach vorn): Lass mal sehen. Äh … (stutzt) Das kann man gar nicht lesen!!

Emine: Das ist arabisch.

Anna: Aber du sprichst doch gar nicht arabisch …

Emine: Der Engel Gabriel hat arabisch gesprochen.

Paul: Kann man das nicht übersetzen?

Fati: Dann ist es nicht mehr echt!

Paul: Also echt …

Fati: Wir lernen die Suren einfach auswendig.

Paul: … einfach …

Anna: Spuren?

Fati: Nein: Suren. Das sind die einzelnen Kapitel des Koran.

❖ Lest das Gespräch mit verteilten Rollen.

❖ Entwickelt ein zweites Gespräch: Anna erzählt ihrer Freundin Ria, was sie über den Koran erfahren hat. Das mit dem Arabisch versteht Ria nicht …

13a Die fünf Säulen (E)

Annas Mutter sagt: So wie wir Christen uns an die zehn Gebote halten, so ist der Glaube der Muslime von fünf Hauptgeboten bestimmt.
Sie nennen sie die FÜNF SÄULEN DES ISLAM.

Betrachte die fünf Bilder, mal sie an. Ordne ihnen die passenden Stichwörter zu: Was muss ein gläubiger Muslim tun?

Gott allein ist Gott und Mohammed ist sein Prophet.

1 das Glaubensbekenntnis sprechen

2 fünfmal am Tag beten

3 im Monat Ramadan fasten

4 den Armen etwas abgeben

5 einmal im Leben nach Mekka pilgern

13b Die fünf Säulen (G)

❖ Beschrifte die 5 Säulen mit den 5 Pflichten eines gläubigen Muslims (verwende einen Bleistift, kontrolliere dich selbst mit 13a).

❖ Übertragt das Gebäude auf ein großes Plakat oder bastelt es aus Pappe.

❖ Wozu ist das Beten, Fasten, Pilgern usw. gut? – Beschriftet Kärtchen (siehe Beispiele) und heftet sie an die Säulen.

Ich bete, damit Gott weiß, dass ich an ihn denke.

Ich faste, um Gott zu zeigen, dass es er mir wichtiger ist als Essen und Trinken.

14a Die Welt des Islam (G)

Emines Mutter sagt: Beim Stichwort Islam denken viele Menschen an die Ferne. Und richtig: Der Islam kommt aus Arabien. Viele Muslime hier in Deutschland kommen aus der Türkei.

Viele muslimische Frauen und Mädchen tragen ein Kopftuch.
Bilder sind verboten. Darum gibt es so viele schöne Muster.
Die Geschichten aus tausendundeiner Nacht kommen wie der Islam aus Arabien.
Auf Flaggen islamischer Länder ist der Halbmond zu sehen.
In Arabien tragen die Männer Turbane und lange, weiße Gewänder.
Die Moscheen haben hohe, schöne Kuppeln.
Gläubige Muslime essen kein Schweinefleisch und trinken keinen Alkohol.

Besorgt euch Reiseprospekte von der Türkei, Saudiarabien, den Emiraten, Marokko, Tunesien usw.; sucht „Beweise" für die Vorstellungen auf dieser Seite. Gestaltet ein Plakat: Islam im Orient.

14b Die Welt des Islam (G)

Emines Mutter sagt: Beim Stichwort Islam denken viele Menschen an die Ferne. Aber: Die Türkei ein moderner Staat. Und heute leben viele Muslime in Westeuropa. Vieles ist anders geworden ...

Findet heraus, was unverzichtbar zum Islam gehört. Führt dazu Interviews mit muslimischen Mitschülerinnen und Mitschülern oder anderen muslimischen Bekannten. Diskutiert über eure Ergebnisse.

Muss ein muslimisches Mädchen ein Kopftuch tragen?	
Muss ein muslimischer Junge einen Turban tragen?	
Darf ein Muslim Schweinefleisch essen?	
Muss eine Moschee eine Kuppel haben?	
Muss ein Muslim im Orient leben?	
Muss ein Muslim beten, fasten und nach Mekka pilgern?	
Muss ein Muslim im Koran lesen?	
Muss ein Muslim Arabisch können?	
Darf ein Muslim Bilder malen?	

15 Ein Rätsel

Arabische Schrift wird von rechts nach links geschrieben.
Wenn du also TIM heißt, müsstest du arabisch schreiben: MIT ←
Wenn du KATARINA heißt: ANIRATAK ←

Ebenso sind hier die Fragen nach Stichwörtern zum Thema Islam
von rechts nach links geschrieben worden. Schreibe die Antworten von
rechts nach links in die Kästchen (pro Kästchen 1 Buchstabe!)

?DEMMAHOM HOLF TDATS EHCLEW NI←

					←

?SNAROK SED LETIPAK NIE NAM TNNEN EIW←

				←

?HCSIBARA FUA „TTOG" TSSIEH SAW←

				←

?EMILSUM RED TANOMNETSAF RED TSSIEH EIW←

						←

?ABAAK EID THETS TDATS REHCLEW IN←

				←

Die grauen Kästchen ergeben das arabische Wort für „Hingabe":

→				

16a Memory

Klebe 16a und 16b auf Pappe. Schneide Kärtchen aus. Mische sie und spiele damit Memory: Pärchen können sein: Bild + Bezeichnung; Bezeichnung und Erklärung; Ähnliches im Islam + im Christentum.

Kirche	Allah	Koran	Minarett
Moschee	Gott	Bibel	Kirchturm
Ramadan	Kaaba	5 Säulen	Mohammed
Fastenmonat	Heiligtum	5 Gebote	Prophet

16b Memory

Klebe 16a und 16b auf Pappe. Schneide Kärtchen aus. Mische sie und spiele damit Memory: Pärchen können sein: Bild + Bezeichnung; Bezeichnung und Erklärung; Ähnliches im Islam + im Christentum.

Kaaba	Minarett	Moschee	Gebetsteppich
Ibrahim	Isa	Yusuf	Musa
Abraham	Jesus	Josef	Mose

17a Gottes Name (E)

Emine sagt: Gott ist zu groß für einen Namen. Wir geben Gott 99 Namen.

Anna fragt: Warum nicht 100?

Emine lacht: 99 bedeutet: Wir sind mit Gott niemals fertig.

GOTT IST DER ALL-ERBARMER, DER HERRSCHER, DER EHRENVOLLE, DER GROSSZÜGIGE, DER FRIEDE, DER GERECHTE, DER BESCHÜTZER, DAS LICHT …

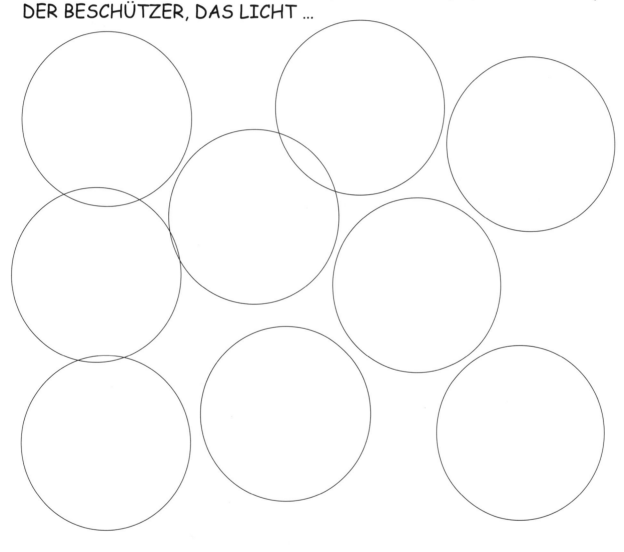

❖ Das sind 9 der 99 Namen Allahs: Schreib sie in Schönschrift auf die Perlen; schreib einen zehnten dazu, der dir passend vorkommt.

❖ Vergleiche deinen Einfall mit anderen aus der Klasse.

❖ „Wir sind mit Gott niemals fertig": Erkläre deinem Nachbarn/ deiner Nachbarin, was Emine damit meint.

17b Gottes Name (G)

Hier sind Gottes 99 Namen: Lest sie laut in der Klasse – zuerst der Reihe nach, dann durcheinander. Probiert aus, wie es gut klingt. – Versucht euch so viele Namen wie möglich zu merken. Auf ein Stück Tapete schreibt ihr die Namen, die ihr euch gemerkt habt. Zählt am Ende: 20? 30? 45 …?

Der Gnädige, der Wohltätige, der Mitleidsvolle – Der Gnadenreiche – Der König, der souveräne Herr – Der Heilige – Der Friede – Der Getreue – Der Beschützer, der Hüter – Der Mächtige – Der Zwingende – Der Erhabene – Der Schöpfer – Der, der aus dem Nichts erschafft – Der Gestalter – Der Vergebende – Der Unterwerfer, der Allmächtige – Der Verleiher – Der Geber der Erhalter – Der Öffner, der Befreier, der Richter – Der Wisser – Der Verweigerer – Der Gewährer – Der Herabsetzer – Der Erheber – Der Stärkende – Der Demütigende – Der Hörer – Der Wahrnehmende – Der Richter – Der Ausgleichende – Der Anmutige – Der Bewusste – Der Milde – Der Ungeheure – Der Vergebende – Der Dankbare – Der Hohe – Der Grosse – Der Beschützer – Der Ernährer – Der Abrechner – Der Majestätische – Der Gütige – Der Beobachtende – Der Zuhörende – Der Ungeheure – Der Weise – Der Liebende – Der Ruhmreiche – Der Erwecker – Der Zeuge – Die Wahrheit – Der Anwalt – Der Starke – Der Stetige – Der beschützende Freund – Der Lobenswerte – Der Rechnende – Der Hervorbringer – Der Wiederinstandsetzer – Der Beschleuniger – Der Verursacher des Todes – Der Lebendige – Der Ewige – Der Glanzvolle – Der Ruhmreiche – Der Einzigartige – Der Eine – Die ewige Hilfe für die Schöpfung – Der Fähige – Der Vorherrschende – Der Vorwärtsbringer – Der Hinderer – Der Erste – Der Letzte – Der Äußere – Der Verborgene – Der Regent – Der hohe Erhabene – Der Rechtschaffene – Der, der die Reue entgegennimmt – Der Rächer – Der Vergeber – Der Mitleidsvolle – Der Inhaber der Souveränität – Der Herr der Majestät und der Güte – Der für Gerechtigkeit Sorgende – Der Versammler – Der Unabhängige – Der Bereicherer – Der Zurückhalter – Der Erzeuger der Not – Der Begünstigende – Das Licht – Der Führer – Der Schöpfer – Der ewig Währende – Der Erbe – Der Führer zum rechten Weg – Der Geduldige.

17c Gottes Name (E)

Anstelle von Abbildungen verwenden Muslime zur schmückenden Gestaltung Schönschrift. Hier siehst du – sorgfältig gezeichnet – den Schriftzug „Allah", Gott.

Zeichne den Schriftzug nach – von rechts nach links. Dazu eignet sich ein Bleistift (besser noch: ein original arabischer Schreibstab = ein angespitztes Bambusstäbchen, Tinte).

Probiere, einen christlichen Gottesnamen – Vater unser, Jesus Christus, Heiliger Geist – in Schönschrift zu gestalten.

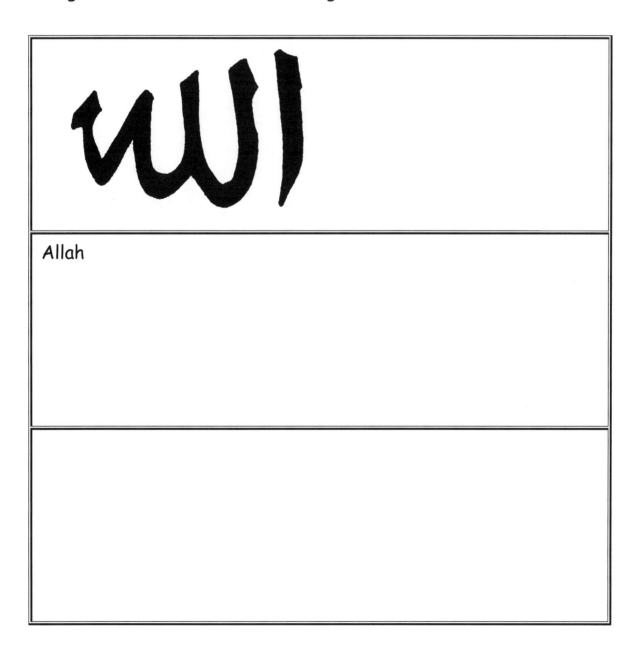

Allah

18a Das islamische Glaubensbekenntnis (E)

Ein Muslim drückt seinen Glauben in folgenden Worten aus:

Es gibt keinen Gott außer Gott.
Mohammed ist Gottes Prophet .

Arabisch geschrieben sieht das so aus:

❖ Gib der deutschen Übersetzung einen feierlichen Rahmen.
❖ Male die arabische Fassung grün und golden aus.

18b Das islamische Glaubensbekenntnis (E)

Dies ist das islamische Glaubensbekenntnis in drei verschiedenen Darstellungen: Markiere farbig die Schwünge und Zeichen, die du von einem Bild zum anderen wiedererkennst.

19 Die Bismillah (E)

Mit der Bismillah fangen fast alle Koran-Suren und Gebete an:

IM NAMEN DES BARMHERZIGEN
UND GÜTIGEN GOTTES

Es heißt: Wer eine besonders schöne Bismillah malt, dem ist ein Platz im Paradies sicher ...

Gestalte die Zierschrift schön.
Verwende die Farben des Islam: blau und golden.
Schreibe die Bedeutung der Bismillah unter dein Kunstwerk.

20 Die erste Sure (E)

Die erste Sure heißt „Al Fatiha", die Eröffnende.
Die Suren sind nach ihrer Länge geordnet. Al Fatiha ist also die kürzeste.

ImNamendesbarmherzigenundgnädigenGottes. LobseiGott,
demHerrnderMenscheninallerWelt,
demBarmherzigenundGnädigen, deramTagdesGerichtsregiert!
Dirdienenwirund dichbittenwirumHilfe. FühreunsdengeradenWeg,
denWegderer, denenduGnadeerwiesenhast, nichtdenWegderer,
diedeinemZornverfallensindundirregehen.

Schreib die Sure mit Wortzwischenräumen sauber ab und gestalte die
Karte als Geschenk an einen muslimischen Mitschüler/Mitschülerin.

20 Die erste Sure (E)

21 Gott ist das Licht

Gott ist das Licht der Himmel und der Erde – das bedeutet dieses schöne Schriftbild. Du kannst es wie ein Mandala ausmalen, am besten blau und golden.

Wenn Christen Gott mit der Sonne vergleichen wollen, würde sie vielleicht die Sonne malen – und ihr Lob für Gott hineinschreiben. Gestalte so ein Bild auf einem Extra-Blatt.

22a Im Ramadan (E)

Das Ramadan-Abendessen nach dem Sonnenuntergang ist mehr als nur Essen. Es ist ein Fest. Eine Freude. Ein Grund zur Dankbarkeit. Darum begehen Muslime es zusammen mit Verwandten und Freunden. Darum ist der Tisch schön bedeckt, gutes Essen ist vorbereitet – Lieblingsspeisen. Darum beten sie vorher und nachher zu Gott.

Decke den „Tisch" (also: male/zeichne) so, wie für dich ein festlicher Tisch aussehen sollte:

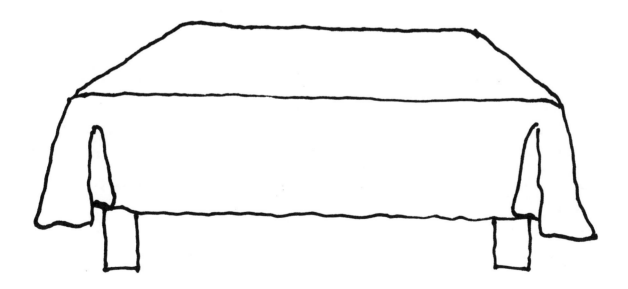

22b Im Ramadan (G)

Gebet zum Anfang des Fastenbrechens

Gott, um deinetwillen fasten wir.
Die Gaben am Abend sind von dir.
An dich glauben wir und rufen deinen Namen.
Dank sei dir für alles.

Zu zweit: Schreibt selbst ein Gebet für den Anfang des Fastenbrechens.

....

....

....

....

....

....

....

....

22c Im Ramadan (G)

Gebet nach dem Essen

Alle diese Gaben kommen von Gott.
Es werde mehr und nicht weniger,
es möge überlaufen, aber nicht
verschüttet werden.
Was übrig bleibt,
werde nicht geringer
Und es soll immer
mit gutem Appetit gegessen werden.

Zu zweit: Schreibt selbst ein Gebet für den Abschluss des Essens.

....

....

....

....

....

....

....

....

....

23 Kekse für das Fastenbrechen (G)

Das Rezept ergibt eine kleine Menge Kekse. Ihr könnt die Zutaten verdoppeln oder sogar vierfach nehmen.

Zutaten

125g Butter oder Margarine
erwärmen
100g Honig
Zitronenaroma
1 Eigelb

Die Zutaten werden schaumig gerührt. Dann:

125g Mehl
25 g geriebene Haselnüsse
3 Esslöffel Milch
hinzufügen

Etwa 40 Minuten bei Zimmertemperatur stehen lassen.
Danach die Masse durchkneten, mit zwei kleinen Löffeln Taler formen,
auf Backpapier etwa 15 Minuten bei 175 Grad backen.
Etwas abkühlen lassen.

50g Honig

mit etwas Wasser vermischen, die Plätzchen damit glasieren, sofort mit gehackten Pistazien (es können auch Haselnüsse sein) bestreuen.

24a Alles Gute zum Zuckerfest (G)

Bastelt Glückwunschkarten (ähnlich wie unsere Weihnachtskarten) zum Zuckerfest für muslimische Mitschülerinnen oder Mitschüler. Zum Beispiel:

Alles Gute zum Zuckerfest   *Viel Glück und viel Segen*

Gesegnetes Fest   Bayramin kutlu olsun

als Anhänger für eine Tüte Gebäck.

24b Alles Gute zum Zuckerfest (G)

Wie der Name schon sagt: Beim Zuckerfest gibt's Süßes. Leider hat das Rezept für die Süßigkeit „Baklava" Lücken (Fettflecken?) Ergänze nach der Skizze.

Zutaten für 5 Personen

500 g tiefgefrorener Blätterteig

125 g Bu.............

250 g Waln..........

75 g Pist.............

75 g Man.............

1 Glas Ho............. (250 g)

3 El. O...............

Saft von einer halben Z........

Den Blätterteig nach Vorschrift auftauen lassen. Den Backofen auf 180°C vorheizen. Den Boden einer Kastenform mit Alufolie auslegen. Den Formrand und die Alufolie einfetten. Die Bu......... zerlassen. Jede Teigplatte zu doppelter Kastenformgröße ausrollen und halbieren. Die Waln......... und die Pist......... hacken, die Man......... fein mahlen. Alles gut vermischen. Eine Teigplatte in die Form legen, mit Bu .... bepinseln und mit der Nussmischung bestreuen. Diesen Vorgang so oft wiederholen, bis alle Teigplatten und die Nüsse verbraucht sind. Mit einer Teigplatte abschließen. Das Gebäck im Backofen auf der untersten Schiene 15 Minuten, dann 30 Minuten auf der mittleren Schiene goldbraun backen. Inzwischen den Ho......... erwärmen und mit dem O.......... und Zit.......... würzen. Über Nacht einziehen lassen. Das Baklava in Scheiben schneiden.

25a Das Mondjahr (E)

Paul: Wie viel Uhr ist es?

Fati: 8 vorbei.

Paul: So spät? Kann nicht sein.
Deine Uhr geht nach dem Mond!

Fati (lacht): Na ja, in gewisser Weise …

Was meint Paul, wenn er sagt: Deine Uhr geht nach dem Mond?

. . . .

. . . .

Nicht die Stunden – aber die Monate und Jahre werden im Islam nach dem Mond berechnet. Das Jahr hat (wie gewohnt) zwölf Monate. Die Monate sind aber nur 29 oder 30 Tage lang. Darum ist das islamische Mondjahr kürzer als das gewohnte Sonnenjahr. Die Muslime zählen ihre Jahre auch nicht „nach Christi Geburt", sondern „nach der Flucht Mohammeds".

Was meint Fati, wenn er sagt: Na ja, in gewisser Weise …

. . . .

. . . .

. . . .

25b Das Mondjahr (G)

Ramadan, Zuckerfest, Opferfest – Neujahr – Geburtstag des Propheten:
Die Termine der wichtigen Tage und Feste im Islam wandern durch unseren
Kalender.

Informiert euch, zum Beispiel im Internet: Wann ist im nächsten Jahr
Ramadan? Wann wird das Opferfest / das Zuckerfest gefeiert?

Tragt eure Such-Ergebnisse in einen großen Jahreskreis ein – malt
Bilder für die Feste, zum Beispiel so:

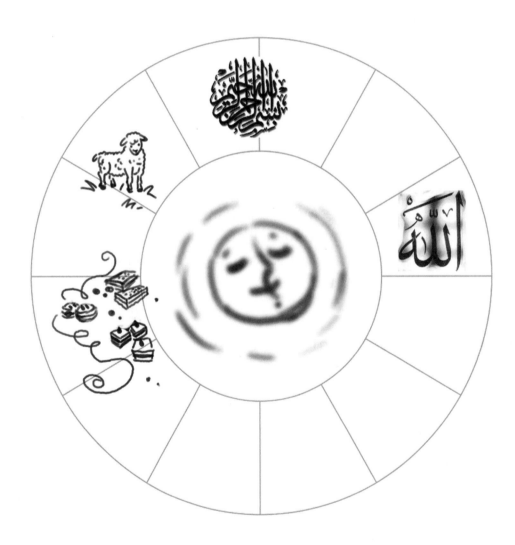

© 2008, Vandenhoeck & Ruprecht, Göttingen